The
Untethered Soul
Guided Journal:
Practices to Journey Beyond Yourself

覺醒的你‧導引練習手札

超越自我的旅程

麥克‧辛格 Michael A. Singer ／著

賴隆彥 ／譯

目錄

★名家好評！

　　《覺醒的你》是一本值得一讀再讀的好書，可以讓我們看穿迷障，內外通透。

　　《覺醒的你‧導引練習手札》則是進一步的實作練習，幫助我們更深入意識，如何讓內在噪音終止，如何讓內在幻相終結，於是我們將徹底了解，並實際感知：

　　「我」不是身分，不是思緒，不是情緒，不是一連串個人經驗的總和，而是這一切背後那個如如不動的覺知。

——彭樹君（作家）

★讀者有感！

◆ 麥克‧辛格是個很棒的老師，這本導引練習手札對反思及深入理解他教導的觀念很有幫助。但你不必是他的粉絲才能享受這本手札的益處，我就買了一本送我媽媽。

◆ 這本書裡有許多讀過《覺醒的你》的人渴望的指引或「how to」。

◆ 我正在讀第二遍的《覺醒的你》，不過這本導引練習手札可以讓你快速瀏覽它的精髓，而不必將整本書重讀一遍，我覺得很棒。

◆ 對《覺醒的你》來說，這本手札是很好的伴隨讀物，讓我從靈性休眠狀態中醒了過來。

◆ 這本導引練習手札對「面對並擁抱自己的陰影面」這項功課來說非常棒，它幫助我從不同的角度思考。

我不是我的思想

洪仲清

　　我喜歡一種說法：當一個思想浮現，我藉著這個思想清楚覺知，我不是我的思想，我便在這個思想上開悟了。

　　用我的語言來說，這本書的練習，是在發展「高我」。「高我」相對於「小我」，當我提到「小我」的時候，通常跟「頭腦」混用。而頭腦常負責製造想法與痛苦，以幫助我們生存。

　　如果回到作者的說法，當我們從頭腦退後一步之後，便以「觀察者」自居，這便是「自性」。在「自性」裡便有恆常的寧靜，祂全然開放，祂是愛也是道。

　　上述的說法，愈說愈玄，讓我們回到日常生活使用的語言。

　　我們常常說，「不要想太多，去做就對了。」我們別忘了，我們之所以多想，是因為我們想要避免失敗，所以我們要學著感謝這些保護我們的想法，還有一直讓我們警覺各種危險的恐懼。

　　然而，當我們有機會換另一個情境，或者再過一段時間回過頭看，以前覺得恐懼而卻步的，現在可能早已輕鬆跨越，並且感覺過去太小題大作。也因此我們有了個結論：有時候我們所害怕的事，未必會發生，我們先去做做看再說。

　　思想能幫助我們生存，卻也同時可能限制我們的發展，甚至搞錯「我是誰？」這個問題。

　　「你給了頭腦不可能的任務，要求它去操縱這個世界，以解決你個人的內在問題。」

　　我們以為不被愛，所以我們找人來愛。但對方的表現看起來不夠

愛，所以我們想要改造對方，讓對方懂得討好與順從。假設一切都很順利，對方變得既討好且順從，我們還可能開始覺得無趣空虛，對這段感情厭膩，「愛」也就如夢幻泡影。

　　我們一切的努力，都可能在逃避我們其實沒有愛的能力。

　　這本書使用的文字，乍看有點出世。別忘了，作者是成功的企業家，他其實相當入世。

　　靜心能讓我們專注當下，並且覺知到思想與情緒的阻礙。如此，決策冷靜、踏實執行、立即修正，我們或許經過了煩躁，卻不沾染煩躁，一步一步拓展事業版圖。靜心之妙，作者知道。

　　所以作者的說法，剛開始不太懂也無妨。就能理解的部分開始練習，喋喋不休的思想，就可以拉開一點距離。

　　反覆閱讀，某些看起來無意義的文字組合或許讓我們挫折，這挫折可以試著與之共處。我們在閱讀這一刻，如何對待這份挫折，我們回到生活中，也可能依樣畫葫蘆，這恰恰好給了我們再次覺知的練習機會。

　　祝願您藉著這本書，感受到沒有理由的幸福，還有無條件的愛！

（本文作者為臨床心理師、作家）

讓這本導引練習手札
帶你探索最深處的自性

「成長真正的關鍵，在於了悟你並不是頭腦的聲音，而是聽到它的人。」
——麥克·辛格

　　我最初撰寫《覺醒的你》時，背後的動機很單純：希望和所有靈性探索者分享一條通往全然內在自由的路。靈性成長應該是簡單、明白，且在直覺上顯而易見的。自由是這世上最自然不過的事——事實上，它是我們與生俱來的權利，問題是，這個簡單的真相被我們的頭腦、情緒與偏好蒙蔽了。《覺醒的你》帶我們逐步探索並直接體驗內在本具的真相，藉由放下假我，我們找到了真正的自我。這段深入探索的內在旅程不應只屬於神祕主義者或學者，而是屬於所有人的回歸自性之旅。

　　現在，我們很高興獻上《覺醒的你·導引練習手札》，作為你踏上內在旅程的實用指南，希望能幫助你深入了解你和自己的頭腦、情緒與內在能量的關係。你會逐步放開喧囂的腦袋，並放下深鎖內心的過往痛苦經驗，然後，你便可以進入位於最深處、正在見證一切的自性的自由與快樂。

　　書中的每一則導引練習都包含一段引自《覺醒的你》、充滿力量的文字（編按：明體字），而跟在每一段引文後面的人生提示（編按：黑體字）則會激勵你將自身經驗與該教導充分結合。這有助於你更深入教導的精髓，並讓它成為你日常生活的一部分。有些情況下，提示文字會引導你進一步反思與自省；另一些情況下，那些練習有助於你

深化實修。有鑑於表達你對一個教導的體驗可以深化你對它的了解，所以有留白的空間讓你書寫與反思。這樣做的目的，是幫助你從文字的力量，提升到直接體驗的力量。

　　你即將展開一段超越自我，進入內在自由、快樂與自我了悟的旅程。在閱讀、反思與書寫的過程中，你會看到自己覺醒的故事躍然紙上。你可以選擇在這本書之外繼續書寫未竟的篇章，寫在另一本手札裡；或者，在某些段落，你只想反思，不想書寫。這都沒關係。無論你的過程如何，都讓它成為你自己的創作。旅程結束後，你隨時可以回味讓你感觸最深的人生提示，隨著時間過去，加深你的理解、體會。

　　讓我們出發吧！

去認識那個觀察內在聲音的人，
就能了解宇宙創造的大祕密。

第 1 部

覺 醒 的 關 鍵

你 有沒有注意到，你腦袋裡的對話從來不曾停止，一直在進行著？你想過它為什麼講個不停嗎？講的內容和時機又是如何決定的呢？有多少成真？又有多少是要緊的？如果你現在聽見：「我不知道你在說什麼，腦袋裡根本沒有任何聲音！」——這正是這裡所說的那個在腦中說話的聲音。

開始練習去注意自己的念頭。
你並非那些念頭——它們只是你覺知的對象而已。

當你閉上眼睛
聆聽內在聲音時，
聽到了哪些念頭？
覺知腦袋在說話，
是什麼感覺？

讓自己從內在聲音的喋喋不休之中解脫的最佳方式是退後，冷眼以對。只要將那個「聲音」當作對你說話的發聲裝置就好，別花心思，只要看著它。無論那「聲音」說什麼，都一樣；不管內容好壞，世俗或神聖，都無所謂，因為它仍只是你腦袋裡說話的聲音。

閉上眼睛，在腦中說一件你明知並非事實的事，
例如「我的狗是藍色的」。
你有沒有察覺，要你的腦子這樣說完全不成問題。
你或許沒有意識到，但你內在的聲音經常說一些並不為真的事。
你的腦袋可以（也將會）說任何事，而不要它說什麼便相信什麼，
就是我們的責任了。

想想看，有沒有哪一次你腦中的聲音告訴你某件事，結果那件事並不是真的？把那個經驗寫下來。你有沒有發現，你腦袋裡的聲音跟你是分開的，而且它什麼事都有可能說？

它 說話時，你確實有聽到，不是嗎？現在讓它說「嗨」，多說幾次，在裡面大喊！你能聽到自己在裡面說「嗨」嗎？當然可以。有個聲音在說話，而覺察那說話聲音的人是你。問題在於，覺察說「嗨」的聲音容易，難的是領會到無論那聲音說什麼，都只是個說話的聲音，而你正在聽。那個聲音講的都是你，並沒有別的。

當你心情很好時，腦袋裡會浮現哪些念頭？
寫下幾個你自我肯定的句子。
當你心情不好時，腦袋裡又會浮現哪些念頭呢？
同樣寫下那些自我否定的話。

看看那些念頭描述的你差異有多大。
這樣比對之後，你會更容易了解腦中的那個聲音絕不是你。

成長真正的關鍵，在於了悟你並不是頭腦的聲音，而是聽到它的人。若不了解這點，你便可能會試著去想像那聲音所說的許多事情當中哪一個才是真正的你。

回想一下你過去難以針對某件事下決定的時候。
你是否發現自己會自言自語，一下子說應該做，一下子又說不應該做，
並且各有理由？你甚至會和自己爭辯，彷彿有許多人在那裡爭執不休。
但請注意，你覺知到了這一切。
事實上，裡面沒有一個聲音是你，
你是覺知到那些聲音與猶豫情境的人。

腦中各種念頭互相衝突是什麼感覺？寫下你的體驗。
然後，有一部分的你清楚覺察到這個衝突——也寫下你的體驗。

你 若客觀地觀察便會發現，當內在緊張、恐懼或貪欲的能量持續增強時，聲音將變得極其活躍。對某人生氣時，你顯然會很想咒罵他，試著觀察看看，有多少次甚至在你發現之前，內在的咒罵聲便已展開。當能量在你裡面累積時，你會情不自禁地表現出來。那個聲音之所以說話是因為你的內在不平靜，而說話可以釋放能量。

今天留意一下某個讓你愈來愈激動的爭論。
有沒有注意到你的腦袋變得很活躍？

寫下頭腦如何反應——
內在對話自動展開。
你是否開始排練與某人的對話？
恐懼被觸動了嗎？
突然覺得羞愧、
憤怒或困窘嗎？
你有沒有發現，頭腦裡的聲音
是在試圖舒緩不適？

請

稍加檢視你外在世界的經驗與你和心理世界的互動之間的差異。你很習慣停駐在頭腦的遊樂場去創造並操縱思想。

觀察周遭環境，
寫下你在外在世界看到什麼。

針對你看到的事物，
你的頭腦產生了哪些念頭？
請寫下來。

最後你感受到的，其實是自己設定呈現的個人世界，而非未經過濾、真實存在的經驗。對外在經驗的這個心理操弄，讓你能在它要進來時篩檢事實。舉例來說，無論何時你都看見無數事物，卻只敘述其中幾個而已。在腦中討論的那些事，是對你而言重要的事。藉由這種微妙的前置處理，便能控制實際經驗，讓它全部符合你腦中的想法。你的意識其實是在經驗你腦中針對現實建立的模型，而非現實本身。

今天花點時間留意你敘述了現實的哪些部分。
許多事情被直接忽略，但哪些事引起你注意？
為什麼？你腦中的敘述者什麼時候最活躍？
什麼事觸發了那段內在對話？

你 會發現，頭腦一直說個不停，是因為你給它工作。你把腦中這個喋喋不休的聲音當作一種保護機制或防衛形式。

觀察腦中喋喋不休的聲音，
它是被設計來解決你生活中的某個問題或威脅。

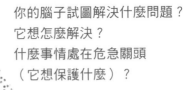

你的腦子試圖解決什麼問題？
它想怎麼解決？
什麼事情處在危急關頭
（它想保護什麼）？

以維繫世界之名，你其實只是想維繫自己。真正的個人成長，和超越你那不理想並需要保護的部分有關。要一直記得，你是在裡面覺察說話聲音的人，這才是出路。在裡面覺察你一直在自說自話的那個人始終默不作聲，這是探查你存在深處的入口。

早上醒來，以及晚上要入睡時，
留意一下你試圖掌握情況或解決問題的任何內在對話。
一旦發覺，就放輕鬆，自然呼吸，
然後把注意力放在你單純覺知當下這些念頭與感受的那個部分。

寫下這些念頭，
以及客觀察覺它們是什麼樣的體驗。
你的頭腦正在計畫嗎？
正在解決問題嗎？在擔心嗎？
你能否觀察，放輕鬆，自然呼吸，
然後放開這些念頭？

真實的情況是，問題永遠沒完沒了，除非你能擺脫內在那個問題很多的部分。有問題困擾你時，別問「我該怎麼辦」，而是問「我的哪個部分正為此事困擾」。如果問「我該怎麼辦」，你就已經落入「外在真的有問題必須處理」的信念中。

今天，每當惱人的事情發生，
你感覺到內在能量起變化時，
問自己：「我的哪個部分受到干擾呢？」
真的是外在狀況在干擾你嗎？
或者，你其實是庸人自擾？寫下你的發現。

問題通常不是表面上看到的。真正的問題是你內在有某樣東西幾乎對任何事都會有問題。你必須打破「問題的解方是重新安排外在事物」的思考習慣，這涉及從「外部解決意識」轉變到「內部解決意識」。解決問題的唯一答案，永遠是走向內在，並放下似乎對現實總有許多問題的那個部分。一旦這麼做，接下來該怎麼處理你就會很清楚。

想想正在困擾你的
某個問題，寫下來。

你內在是否有某些可以
放下的事，而不是去改
變外在世界？

你 的內在生命有兩個不同的面向：第一個，是你，覺知者，見證者，固執意念的中心；另一個，是你觀察的對象。問題是，你觀察的那個部分永遠不會住口。如果能擺脫那個部分，即使只是片刻，那份安詳與平靜會是你擁有過最美好的假期。

要了解內在的聲音有多聒噪有個簡單的方法，就是趁洗澡時留意一下。你只是安靜地清洗身體，或是腦中一直喋喋不休呢？你會發現它說個不停——也許在計畫一天的行程，或抱怨帳單，或夢想未來。內在對話不曾暫歇——無論是在洗澡、開車或搭公車時，但有一部分的你就只是在覺知這些對話。那個部分，見證者，總是沉默不語。想像一下，自己只是安靜地洗澡或坐在車裡，會是什麼體驗。

寫下洗澡時腦中出現的對話。
它是有幫助的、惱人的、正面的或負面的呢？
其中有多少是真的有必要的？

擺脫由自己的念頭引發的持續噪音，
會是什麼體驗？把它寫下來。

內在成長的關鍵，
在於了解找到平靜與滿足唯一的方法，
是停止思索與自己有關的事。

你和憤怒或嫉妒之間是有間隔的,你是在那裡覺察這些事的人。一旦回歸意識,便可擺脫這些個人的紛擾。從觀察開始,單純去覺知你在覺察當下正在進行的事。這很簡單。你會注意到,你正在觀察一個人的個性,優缺點皆一覽無遺,就好像有個人與你同在那裡——實際上可以說,你有個「室友」。

深入思考這個概念:
你的各種念頭與特質
都不是真正的你。
你能將自己的個性看
成同住的室友嗎?

你能看出你的「覺知之位」
與你在自己之內經驗到的
人格特質(你的室友)有
何差異嗎?請寫下來。

捕 捉你內在室友真實樣貌的方法，是將它往外擬人化，假裝你的
室友──精神──有它自己的身體。實際做法是把你聽到的內
在話語的完整性格，想像成站在外面對你說話的一個人。只要想像有
個人正在說你的內在聲音會說的每一件事。請花一天的時間和那個人
相處。只要讓這個聲音對你說話，你便能認識這位室友。

帶你的內在室友去你最喜歡的小路散步，
甚至走遍整個街區。
想像這個室友是你這一天的真實同伴。

你喜歡這個人嗎？

這個人有什麼樣的性格？

和你的內在室友相處一整天是什麼感覺？

這個人說的話是負面、正面、充滿恐懼，或是很愛評判呢？

就 現在的情況而言，你的生命並不屬於你自己，而是屬於你的內在室友──精神。你必須取回主導權。請堅定地站在見證者之位，放開習慣性頭腦對你的掌控。這是你的生命，把它取回來。

你有過不受歡迎的室友嗎？
負面與吵雜的念頭就像很難相處的室友。
今天，當這些念頭被觸發時，
注意它們如何影響你的能量。
把它寫下來。

如果你請這個室友搬出去，
或至少不再聽它說話，
會怎麼樣？
寫下你可能創造出來的全新平靜空間。

你 看的時候是誰在看？聽時是誰在聽？誰在看著夢？誰在看鏡中的影像？

你有個不變的部分一直在觀察。
做幾次深呼吸，然後連結這個「見證者」。
和見證者接觸的感覺如何？
你是否感受到與自己的頭腦及外在世界分開來的平靜？

假 設你和我在對話。在西方文化中,若有人來問你:「冒昧請教,你是誰?」你不會責備對方怎麼問了一個這麼深的問題,而是會告訴他你的名字,例如莎莉·史密斯。但我要挑戰這個回答——我拿出一張紙,寫下「莎—莉—史—密—斯」等字,然後拿給你看。這一堆字是你嗎?你看的時候是它們在看嗎?顯然不是,因此你說:「好,你對了。我很抱歉。我不是莎莉·史密斯,那只是人們稱呼我的名字。那是一個稱謂。其實我是法蘭克·史密斯的妻子。」

列出你自認可以描述你的事物,
包括名字、年齡、性別、職業、種族、
家庭關係稱謂等。寫下你針對「你是誰?」
這個問題的典型答案。

仔細思考這些標籤。即使這些標籤有所變動,你依然在那裡看著它們改變,不是嗎?寫下你反思的心得。

你

不是你的思想，你只是在覺知你的思想。最後你說：「很好，我既不是外在世界的任何事物，也不是情緒。這些外在與內在的對象來來去去，而我則經歷它們。此外，我也不是思想。它們可能安靜或喧囂、快樂或悲傷。思想只是我覺知的另一項事物。然而，我是誰？」

觀察外在環境你看到、聽到、感覺到的一切事物。外面有些什麼？
現在，觀察你的內在狀況（包括腦中的想法、情緒與身體的感覺）。
你發現了什麼？
觀察外在與內在事物時，關於你這個觀察者，你有些什麼發現？

這開始變成嚴肅的問題:「我是誰?誰擁有這一切身體、情緒與頭腦的經驗?」因此,你稍加深入思考這個問題——藉由放下經驗,然後留意剩下誰。你會開始去注意誰在經歷這個經驗。最後,你會到達內在的某一點,在那裡,你了解到你這個「經驗者」具有某種特質。那種特質是覺知,是意識,是一種對存在的直觀感受。

找出你不同年紀的三張照片,仔細端詳,然後思考:
無論你身體胖瘦或穿什麼衣服,誰一直都在?
這是你的核心本質,在照片中的形象後面一直存在。
請描述那個一直存在著的你。

意識的本質是覺知，而覺知有能力變得比較覺知某件事，而較不覺知別的事；換言之，它有能力讓自己聚焦於某些對象。老師說：「注意我說的話。」那是什麼意思？意思是，把你的意識集中在一處。

沒有人教過你這件事，這是很直覺、很自然的。你一直都知道該怎麼做。

把注意力集中在某個對象兩分鐘。
觀察自己的身心變化。
寫下這兩分鐘內發生什麼事。
你有辦法不亂想或不分心地保持專注嗎？
如果思緒開始游移，
你能察覺自己分心了，
而重新集中注意力嗎？

此刻，你正坐在意識中心裡面，觀看你個人的電視節目，但有許多有趣的對象正在擾亂你的意識，讓你忍不住陷入其中。所有的感官——視覺、聽覺、嗅覺、味覺、觸覺——都拖你下水，感受與思想也是，但你其實正安靜地坐在裡面，往外看著這所有的對象。就像太陽不會偏離它在空中發射光線照亮物體的位置，意識也不會偏離發射覺知到形相、思想與情緒等對象上的那個中心。任何時候只要你想重返中心，在腦中重複說「嗨」即可。

留意從你的感官進入的各種景象、聲音與氣味。
有喜歡或厭惡的感覺生起嗎？
注意你的頭腦如何根據個人偏好與準則為它們貼標籤：
「整潔」「雜亂」「清淡」「冰冷」「聞起來像是在做早餐」。
現在閉上眼睛，重複說「嗨」，
把自己帶回中心。

離開心理標籤的世界，
回到中心，
是什麼感覺？

當 你沉思自性的本質時，就是在靜心。這便是為什麼靜心是最高境界。它是回到你存在的根本，單純覺知你在覺知。一旦意識到意識本身，你就達到完全不同的境界了。現在，你覺知你是誰，成了覺醒的人。

閉上眼睛靜坐一會兒，讓自己留意身體的各種感覺。
覺察有什麼念頭或情緒生起，然後注意到你清楚覺知這一切。
接著轉過來，開始聚焦於覺知——你可以單純覺知你在覺知嗎？

單純留意念頭與情緒是
什麼感覺?寫下來。單
純體驗身體覺受又是怎
樣?這就是「覺醒」的
感受。你是否開始感受
到覺知深刻存在你的日
常生活中了?

如果享受圓滿人生
意味著一直體驗到高能量、愛與熱情，
那就永遠別封閉自己。

第 2 部

體 驗 能 量 的 存 在

意識是生命中的大奧祕之一，而內在能量是另一個。

事實上，身體的每一個動作、你擁有的每一個情緒，以及通過你腦海的每一個念頭，都是能量的支出。

例如，若你專注於一個念頭，而另一個念頭介入，你就必須奮力抵抗介入的念頭。這需要能量，而且可能逐漸將你消耗殆盡。

觀察腦中相互競爭的念頭——

那些爭相吸引你注意力的

「如果……會怎樣」「可是」或「應該」。

不同的念頭如何影響你的內在能量？

寫下你的體驗。

思緒的創造、保留與憶起，情緒的產生與控制，強大內在欲求的管束，都需要巨大的能量支出。這些能量從哪裡來？為什麼能量有時存在，有時又感覺完全耗盡？你曾否察覺，當你在腦力或情緒上耗盡時，食物的幫助並不大？相反地，回顧生命中那些陷入愛河或被某事激勵與啟發的時刻，你是如此充滿能量，讓你甚至不想吃東西。這裡所討論的能量並非來自食物的熱量。有個能量來源可以從內在取得，與外在能量來源不同。

_____

_____

_____

_____

_____

_____

_____

想想看，
你是否有過無論吃了什麼或睡多飽都覺得筋疲力盡的時候？
也許是出現在分手或其他人生低潮時，
或者，是在你嘗試某件事卻徒勞無功的時候。

現在回想一下，有什麼事讓內在能量又開始順暢流動？
是發生了你喜歡的事嗎？或者你是被某個新提案激勵了？

在反思能量的起伏時，你注意到了什麼？
是什麼因素導致你的內在能量衰減，又是什麼讓它回升的呢？

仔 細觀察便會發現，你內在有一股驚人的能量，不是來自食物，也不是來自睡眠。你隨時可以使用這股能量，無論何時都能取用，它就從內在湧出，並充滿你。當你充滿這股能量時，覺得自己好像可以扛起這個世界；當它強而有力地流動時，你真的可以感覺到它以波浪的形式流過你。它從內在深處自然湧出，並修復你、補足你、為你充電。

回想某個時候，你感覺能量復甦，
無論睡多少或吃什麼都無所謂。
那時能量似乎來自更大的源頭，
如波濤湧現，帶來精力與喜悅。

寫下這個能量高漲的經驗。
它的背景是什麼（人、事、
時、地、物）？
是怎樣的感覺呢？

你

始終無法感覺到這股能量的唯一原因，是你把它堵住了——藉由封閉心、封閉頭腦，以及將自己拉進內在一個受限的空間。這使得你和一切能量絕緣。當你封閉心或腦時，便躲進內在的黑暗處。那裡沒有光，沒有能量，沒有任何事物在流動。能量依然存在，卻進不來。這就是所謂的「堵住」。

問自己：「為什麼要封閉？」然後再問：「這樣做真的值得嗎？」

_____

_____

_____

自我封閉是什麼感覺？請寫下來。

_____

_____

_____

它如何影響你的心與腦？如何影響你的能量流？

_____

_____

_____

它如何影響你對周遭世界的看法？

_____

_____

_____

雖然你裡面存在著不同的能量中心，但關於封閉與打開，你直覺上最熟悉的，是你的心。假設你愛某人，在對方面前覺得很能敞開來，因為信任他，你卸下心防，於是感受到許多高能量；但如果對方做了一件令你討厭的事，下次看見他，你就不會感受到那麼高的能量。你感受不到那麼多的愛，反而覺得胸口緊繃，這是因為你封閉了心。心是一個能量中心，可以打開或關閉。瑜伽士稱能量中心為「脈輪」。當你封閉心時，能量就流不進來；而能量流不進來時，便有黑暗。你不是感受到巨大的騷動，覺得非常混亂，就是感到了無生氣，這取決於你封閉的程度。人們經常在這兩種狀態之間來回擺盪。

回想某個時候，你愛的人做了傷害你的事。
你覺得自己的心封閉了嗎？
你是否真的感受到胸口疼痛與緊繃？
寫下那時你腦中浮現的念頭。
別忘了也寫下你試圖「解決」問題的方法。

若能從清明覺知狀態看著這一切，會是怎樣？
你能提出一種與你慣常會有的反應相反、非常清明的處理方式嗎？請寫下來。

如果你喜歡能量，而且很確定，那就永遠別封閉。你愈是學著保持開放，能量就愈可以流進來。請藉由不封閉來練習開放，每當你開始封閉，就問自己是否真的想要切斷能量流，因為只要你想，無論這個世界發生什麼事，你都可以學習保持開放。你就是許下承諾，要開發接收無限能量的能力。只要決定不封閉就好。

回想某個時候，
即使環境或內在有股衝動促使你封閉，
你依然保持開放。
你是否非常掙扎呢？
寫下你決定努力保持開放的原因。

請完成下面這個句子：「無論環境如何，我都可以對最深的能量源頭保持開放，方法是＿＿＿＿＿＿＿＿＿＿＿＿＿＿＿＿。」

若真的想保持開放，就去留意自己何時感覺到愛與熱情，然後問自己，為什麼無法一直有這種感覺？它為什麼必須消失？答案很明顯：這種感覺只在你選擇封閉時才會消失。實際上，你藉由封閉，而選擇了不去感覺開放與愛。你一直在拋開愛。別人說了令你討厭的事之後，你開始感覺不到愛，然後就放棄愛；別人批評某事之後，你開始感覺不到對工作的熱情，然後就想辭職。那是你的選擇。你可以因為不喜歡所發生的事而封閉，或者可以藉由不封閉而持續感受到愛與熱情。

練習別拋開愛。當你感覺開放時，注意是什麼事讓你再次封閉。
也許是發生了令你討厭的事。把你的體驗寫下來。

當你覺得那些容易讓你起反應的煩擾都是真實的，
並緊抓不放時，會受到什麼影響？請寫下來。

如果你選擇
不讓自己受自身反應
所擾，會怎麼樣？

當你察覺自己
對某件討厭的事有所反應
時，請自問：「這值得我為
它封閉自己嗎？」

藉由靜心，藉由覺察，你可以學會讓能量中心保持開放。只要放鬆、放下就能做到，只要別相信有任何事值得你為它封閉自己就能做到。記住，若你熱愛生命，就沒有任何事物值得你為它封閉自己。永遠沒有任何事值得你為它關上自己的心。

回想某個令你心煩意亂的狀況。
寫下你不安的感覺，以及隨之而來的念頭。

這些感覺與念頭，是提醒你放鬆與放下的信號。寫下你可以如何有意識地選擇保持開放。在煩擾與衝動反應中放鬆與放下，是什麼體驗？你重回開放感的速度是不是比封閉自己快？

如果在某個時間點，心恰巧打開，我們就陷入愛河；如果在某一刻，心恰巧關上，愛就停止。假如心恰巧受了傷，我們會憤怒；假如完全停止感覺心，則會變得空虛。因為心經歷變化，才會發生這些不同的事。發生在心中的這些能量轉移與變動，主宰你的人生。

事實上，你並非你的心，而是心的體驗者。
今天，留意你如何體驗自己的心，包括所有正面與負面的情緒。
你是否發現自己高度認同你的心？
你心裡的感受是否驅動你的念頭與行動？

練習留意，在練習時，寫下你如何體驗心的能量。
你能體驗心的能量與它所有的轉移與變動，
而不認同它、不讓它主宰行動嗎？

心 其實很容易了解。它是能量中心，是一個脈輪，是最美、最強大的能量中心之一，影響到我們的日常生活。我們已經發現，能量中心是體內的一個區域，能量透過這裡聚集、散布與流動。這股能量流被稱為「夏克提」「聖靈」與「氣」，在你的生命中扮演錯綜複雜的角色。你一直都感覺到心的能量。想想在心裡感受到愛，或覺得心中湧現靈感與熱情，或覺得心中迸發能量，讓你充滿信心與力量，是什麼感覺。

針對心輪靜心：閉上眼睛，吸氣至心輪，就在胸腔正中央。
感覺你的心隨著每次呼吸擴張。當你只是單純針對心輪靜心，
沒有發生什麼特別的事讓心開放或封閉時，是什麼感覺？

> 然後，在日常生活中，
> 當你感覺心開放或封閉時，
> 留意一下。

寫下你的感受。
例如，心開放的時候，你是否覺得充滿靈感、熱情、感恩與自由？
無論有什麼感覺，在它們生起與消逝時，都保持覺察。
你能去體驗所有通過心的感覺嗎？
或者，你會抗拒某些感覺，而對其他的緊抓不放？

經 驗一刻又一刻地進入，而你正在學習與成長。你的心與頭腦在擴展，你在很深的層次上被觸動。如果經驗是最好的老師，那麼沒有任何事物能與生命的經驗相比。

所謂過生活，就是體驗通過你的這個瞬間，然後體驗下一瞬間，然後再下一瞬間。許多不同的經驗會進入並通過你，正確運作時，這是個非凡的系統。如果可以活在那種狀態中，你會是個完全覺知的人。覺醒者就是這樣活在「當下」的。他們當下存在，生命當下存在，而整個生命正通過他們。想像一下，如果在每個生命經驗中，你都完全活在當下，讓它碰觸到你存在的深處，會是什麼感覺。每個瞬間都會是刺激又動人的經驗，因為你完全敞開來，而生命會直接流過你。

每個人生命中都有過刻骨銘心的感動經驗。
花點時間回想某個你覺得全然滿足的時刻。
你也許正在開車，拐進一條路，
忽然撞見極美的夕陽——散發橙黃與洋紅的美麗光芒。
那是你見過最美的事物，令你充滿敬畏、感激與滿足的心情。
每個瞬間都能讓你像這樣深受感動。

如果每個瞬間都碰觸到你的生命深處，
會是什麼樣的體驗？請寫下來。
你的肺臟在呼吸、你可以走路、鳥可以鳴唱、
一個脾氣暴躁的人可以對你吼叫，都令你極度震撼、激動。
你能讓每個瞬間都觸及靈魂嗎？

你可以聆聽樂器演奏，卻感覺到你的心；
如果你覺得感受到了樂器，
那只是因為它觸動了你的心。
你的心是由很少人能察知的極微細能量構成的樂器。

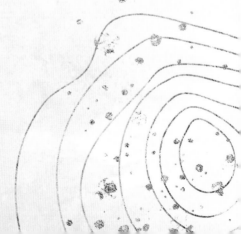

「業行」是一種堵塞，是過去留下來的印象，有件事卡住了。

接下來的所有經驗試圖通過你，但內在發生了某件事，讓這個過往經驗處於未完成狀態。生命現在必須和這個堵住的事件競爭，以贏得你的注意力，而印象不會只是靜靜地坐在那裡。你將發現，你經常會想到它，這都是為了嘗試透過頭腦找到處理這件事的方法。因為你抗拒，它卡住了，現在你有了個難題。你看見念頭冒了出來。念頭一個接一個出現，幾乎令你瘋狂，而那所有的內在噪音，都只是你想要處理堵住的能量並將它排除的嘗試。

你的抗拒如何顯現？是身體緊繃嗎？或是產生負面念頭？
留意你頭腦的反應，以及隨之而來的各種念頭。
留意你如何回應那些念頭。
當你抗拒而能量被卡住時，會做出什麼行動？
也許你會想多喝幾杯酒，或多吃一碗冰淇淋，或熬夜看電視；
也許你會脫口說出原本不想說的話。

寫下當你卡住時出現的一系列感受、念頭與行動。

在 瑜伽傳統中，這種未完成的能量形態被稱為「業行」或「行」，用白話來說是「印象」之意。瑜伽的教導認為，這是影響你生命的重大因素。「業行」是一種堵塞，是過去留下來的印象，是最後會掌控你人生的未完成能量形態。

你內在有哪些未完成的能量形態？
事實上，你很容易發現它們——只要開始留意一整天有哪些事特別容易觸發你的情緒反應。
你是否在覺得自己不被注意與不被關愛時深受打擊？
你是否發現自己受到批評時會變得防衛心很重？
你能回溯過往的生命經驗，找出這些敏感行為的源頭嗎？
去留意，並寫下由內心深處的印象引發的經驗。

有 兩種經驗可能發生並堵住心，一是嘗試推開令你感到煩惱的能
量，一是嘗試保存你喜歡的能量。在這兩種情況中，你都沒有
讓能量通過，藉由抗拒與執著堵住流動，因而浪費了寶貴的能量。

我們都有一直在抗拒或試圖保留在心裡的經驗。
也許你小學演講時出糗過，
導致現在每次必須在眾人面前講話時都會緊張；
或者，你曾在高中劇團的年度演出中擔任主角，
念念不忘，逢人便說，並渴望成為偉大的演員。

寫下過去有過的某個不愉快而遭你推開的經驗。
它現在依然不時會冒出來嗎？
你是否發現自己還是一直在抗拒它？

執著於某件
早已不再發生的事，
是什麼感覺？

現在，請寫下某個
你非常喜歡且
念念不忘的經驗。

無盡的啟發、無盡的愛與無盡的開放——那是健康之心的自然狀態。

要達到這個狀態，只要讓種種生命經驗進入並通過你就好。如果舊能量因為你以前無法處理而捲土重來，現在請放下它們。

打定主意讓生命經驗展開，而不要讓過去堵住的能量製造出抗拒。

寫下今天觸發你的一個狀況或事件。

也許是現在的情境刺激了你緊抓不放的某個過往恐懼或憂慮。

你能否刻意去留意堵住的能量或內在煩擾，
然後放開它？你體驗到哪種能量，
又是如何察覺並放手的？
不抗拒狀況與自己的反應，是什麼感覺？

當然，它浮現時會讓人痛苦，因為它帶著痛苦儲存，就要帶著痛苦釋放。你必須決定你是要繼續讓儲存的痛苦堵住你的心並限制你的人生，就這麼過下去，或者在它被激發時願意放下。那只會痛一下子，然後就結束了。

過去儲存的痛苦重新浮現心中，是什麼感覺？
你通常會怎麼做以避免或盡量減少這種不舒服的經驗？
你會採取哪些習慣性舉動來避免讓痛苦的感受浮現？請寫下來。

放下並擺脫主宰你人生的痛苦包袱，會是什麼模樣？想像一下。

你

得到的是永遠開放的心，不再有閥門。你活在愛中，愛滋養你，並令你茁壯。那是一顆開放的心，是原本就該是的心之樂器。讓自己去感受心演奏的每個音符。如果你放鬆、放下，心的淨化會是件很美妙的事。把眼光放在你能想像的最高狀態，別移開。如果失足了，重新爬起來就好，沒有關係。你想要走過這個釋放能量流的過程，這樣的事實意味著你很偉大。你一定做得到，只要持續放下就好。

寫下你今天如何感受心演奏的每個音符。那可能是任何事——你如何享受夕陽，或是如何感受到某件討厭的事，然後讓它通過。當你釋放內在能量時，你的生命會是多麼充實與富足？請寫下來。

不難發現最原始的能量流，是生存本能。在漫長的演化過程中，從最簡單的生命形式到最複雜的，始終存在著為了保護自己而進行的日常搏鬥。在我們高度演化的合作社會架構中，這個生存本能經歷了漸進式的改變。多數人不再缺乏食物、水、衣服與住處，也不再經常面對威脅生命的身體危難，因此，保護能量轉而在心理而非生理上保衛個人。現在，我們每天經歷的需求是保護自我概念，而非保護身體，結果主要的搏鬥對象是自己內在的恐懼、不安與毀滅性行為模式，而不是外力。

哪種自我概念是你覺得需要捍衛、保護與保存的？
也許你需要被視為聰明的或成功的、有魅力的或迷人的、強壯的或嚴格自律的？
哪些事會威脅到這些自我概念？
當你的自我概念受到挑戰時會發生什麼事──你會立即捍衛嗎？
會感到恐懼嗎？請自由且誠實地寫下來，無論浮現什麼都保持開放。

你 完全知道如何關閉自己的心，豎起心理上的保護盾；你完全知道如何關閉能量中心，以免自己太過接受流進來並引發恐懼的不同能量，而受到傷害。

當你關閉並保護自己時，是在武裝你脆弱的部分。即使沒有發生人身攻擊，那個部分仍然覺得它需要保護。你是在保護你的自我（ego），你的自我概念。

今天，當你對某件事出現防衛反應時，只要去留意就好。

記住，你可以觀察此事發生，可以見證自己正處於反應模式。

現在回想這一天發生了什麼。什麼事讓你覺得敏感？你感受到心輪緊縮嗎？你對這個狀況有什麼想法，有說什麼話來捍衛自己嗎？你在保護什麼？

成長到某個階段你便會了解，如果保護自己，永遠無法自由。就是這麼簡單。你因為害怕而把自己關在屋裡，並拉下所有的窗簾。現在很暗，你想感受陽光，卻做不到。那是不可能的。如果你封閉起來以保護自己，就是把這個害怕不安的人鎖在你心裡。那樣你永遠無法自由。

保持開放最簡單的方法，是停止保護自己。
今天就做個實驗，
看你能否一整天都不說也不做任何捍衛或證明自己的事。
這需要你高度覺知激發你話語與行動的能量。

這一整天下來，
發生了些什麼？
請寫下來。

你有沒有注意到有多少念頭與行動是被捍衛或證明自己的欲望驅動的？
當你選擇不據此反應時，是覺得脆弱而容易遭受攻擊，還是感到平靜？
你是否看到不再被恐懼與保護的能量限制的可能性？那會是什麼模樣？

意 識有專注於混亂的傾向，內在混亂的能量亦不例外。這些混亂的能量會把你的意識拉過去，但你不必讓這種事發生。你真的有能力擺脫，並落到它們後面。

內在能量開始移動時，你不必跟著走。例如，念頭浮現時，不必隨之起舞。

如果想要自由，那麼每次感受到能量流中的任何變化時，就在它後面放鬆下來。別對抗它，別試圖改變它，也別評判它。

我們的念頭經常受內在混亂的能量影響。

今天，觀察這些進入腦中的念頭。

（例如，「真希望昨天有做 ＿＿＿＿＿＿＿＿＿＿＿＿＿＿＿＿＿＿。」

或「為什麼 ＿＿＿＿＿＿＿＿＿＿＿＿＿ 在工作時對我那麼說？」）

留意念頭生起及心中感受到的任何能量擾動，

然後深呼吸、放鬆，看著它們通過。

如果你在困擾你的念頭與內在混亂或擾動後面放鬆下來，會怎麼樣？

你能處之泰然嗎？

你能看清那個混亂只是能量，無法傷害你嗎？

當你不再害怕內在的混亂或擾動時，就能擺脫它。

最後，原本只是一個通過的念頭或情緒，卻可能成為你整個生命的中心。如果不放下，可能完全失控。

明智的人會保持歸於中心，每當能量轉變為防衛模式時就放下。能量一移動且你感覺到意識開始被拉進去時，就放鬆並放下。放下意味著落在能量後面，而非進入。

今天，當你的能量轉變成防衛模式時，
試著留意一下。
你的身體如何回應這樣的變動？
例如，你會覺得肩膀緊繃或肚子痛嗎？

你的想法如何轉變呢？注意腦中出現什麼念頭。

當這些防衛被觸發時，
練習藉由放鬆與放下，
回歸自性中心。
寫下這段覺察、
放鬆與回歸中心的經驗，
包括哪些部分感覺有效、
哪些部分感覺有難度。

科學已經告訴我們，
潛在的能量場如何形成原子，
然後結合成分子，
最後顯化為整個物質宇宙。
我們的內在同樣如此。

我們很容易被每天發生的無謂瑣事煩擾，例如等紅燈時有人對你按喇叭。當這些小事發生時，你會覺得能量改變了。一感受到變化，就放鬆肩膀，放鬆心的周遭區域。能量一移動，你就是放鬆、放下。以遊戲的心情放下，並落在被煩擾的感覺後面。

今天，當你察覺自己被某件事弄得心神不寧時，
練習在那個煩擾中深深地放鬆。
即使負面念頭與煩擾一直持續，你——意識——依然能放鬆嗎？
你會覺得好像煩擾在你前面，而你落在它後面。

落在煩擾後面
是什麼感覺？

寫下這段察覺煩擾、
放鬆、放下，並讓它
通過的經驗。

你 內在深處有個地方，意識與能量在那裡觸及彼此。那就是你下功夫之處。你在那裡放下，而一旦放下，時時刻刻、日日夜夜、年復一年，那麼，那就是你生活的地方。沒有任何事可以奪走你意識所在之處，你學會待在那裡。而經年累月投入這個過程，並學會無論痛苦多深都能放下之後，你會達到一個偉大的境界。你將打破最後的習慣：低層自我的不斷拉扯。那時，你就能自由地探索你的真實存有的本質與源頭——純意識。

本書的第二部探討了各種方法，
讓你更加覺知你內在那個意識與能量相遇之處。
讀完這一部，你現在如何認出內在低層自我的拉扯？
當煩擾或堵塞出現時，
請深思各種念頭、感覺、身體覺受，
以及其他你注意到的線索。

你從放下這些煩擾中學到什麼？
請寫下來。

變化可能令人興奮或害怕，
但不管我們如何看待都必須承認：
變化是生命的本質。

第 3 部

讓自己自由

探索自性與生命的開展是緊密交織的。生命的自然起伏可能讓一個人成長，或是引發恐懼，哪一個會居於支配地位，完全取決於我們如何看待變化。變化可能令人興奮或害怕，但不管我們如何看待都必須承認：變化是生命的本質。如果你有許多恐懼，就不會喜歡變化。你會試圖為自己創造一個可預期、可控制與可定義的世界，一個不會激發恐懼的世界。恐懼不想感覺到它自己；事實上，它害怕自己。因此，你利用頭腦，企圖操控人生，以免感受到恐懼。

寫下你生命中正在發生的某個帶來抗拒或憂慮的變化——無論大小。
你的念頭對此變化說了什麼？
你是試圖阻止它發生，或是努力讓自己相信一切都會沒問題？
在決定如何處理前，
如果你允許自己去感覺變化帶來的不適，會怎麼樣？

人們不了解，恐懼是一樣事物，只是宇宙中另一個你能夠體驗到的對象。面對恐懼，可以有兩種做法：一是承認你有恐懼，並努力釋放它；一是留著它，並試圖躲開。

我們內心都有很想避開的恐懼。
注意現在正對你造成困擾的某個恐懼，
或是回想某個長期以來一直讓你不安的習慣性恐懼。
寫下你避免感受到這些恐懼的典型做法。
你會用哪些方法避開恐懼？
實際成效有多好？
恐懼永遠離開了嗎？
或者只是暫時消失？

現在，寫下處理恐懼而非避開是什麼感覺。你用過哪些方法來處理恐懼並釋放它？成效有多好？

隨著你在靈性上成長，你會了解到，企圖保護自己避開問題，其實反而製造了更多問題。如果試圖安排人、地、事、物，好讓它們不會擾亂你，你會開始覺得生命似乎和你對立。你會覺得生命是一場搏鬥，每天都很沉重，因為你必須控制並對抗一切事物。會有競爭、嫉妒與恐懼，你會感覺任何人在任何時刻都可能擾亂你。

今天，當腦中的對話變成如何確保某些事發生或避免某些事發生時，留意一下。對這些焦慮的念頭，你覺察到什麼？請寫下來。

接著，寫下試圖讓焦慮念頭停止而衍生的任何念頭。

注意逃避問題如何令你陷入無盡的迴圈：
各種念頭與計畫循環生起，想要避免去處理煩擾你的問題。
在每個情況下，頭腦都努力貼標籤並控制煩惱，
無論對象是恐懼本身，或是因抗拒恐懼而產生的焦慮。
在這種時候放下控制，單純看著內在煩惱演出，會怎麼樣？
試著這麼做，然後寫下你的發現。

如果坐在自性中，
即使心感到脆弱時也會體驗到你內在生命的力量。
這就是這條路的本質，是靈性生活的本質。
一旦學會泰然面對內在的困擾感受，
知道它們再也無法擾亂你的意識之位，
你就自由了。

另一種做法是決定不與生命對抗，了解並接受生命非你所能控制。生命一直在改變，如果你試圖控制，永遠無法完全活出生命。你無法活出生命，反而會害怕生命。

今天，選擇不要和開展中的生命對抗，
然後留意觸發內在恐懼的某件事發生。你會覺得那件事非你所能掌控，
而你會想控制它。當恐懼被觸發時，注意內心有什麼變化。
有出現內在對話嗎？身體是否感受到堵塞能量在拉扯或攪動？

現在告訴自己，感受恐懼沒問題的，而且你什麼都不用做。
有什麼改變呢？

恐懼被觸發時，
是什麼感覺？
讓恐懼存在，
你就是過你的日子，
又是什麼樣的體驗？
請寫下來。

堵塞並埋藏在你裡面的事物形成恐懼的根源，恐懼是你能量流中的堵塞造成的。當你的能量被堵住時，就無法生起並滋養你的心，心因此變虛弱；而你的心虛弱時，便很容易被低頻振動影響，其中之一就是恐懼。

你發現自己正感受到哪種恐懼，
或由恐懼引發的情緒（例如憤怒、嫉妒或猜忌）？

過去有哪件事困擾你
並造成堵塞，而那個
堵塞如今顯化為這個
恐懼？請寫下來。

靈 性進化的目的，是去除造成恐懼的堵塞。你也可以選擇保護你的堵塞物，這樣就不必去感受恐懼，但這麼做就必須試著控制每件事，以避開內在的問題。很難理解決定避開內在問題怎麼會是一件聰明的事，但每個人都這麼做。大家都說：「我會竭盡所能保住我的東西。如果你說了任何擾亂我的話，我會捍衛自己。我會對你大吼大叫，要你收回那句話。如果你讓我的內在騷動不安，我會叫你後悔。」換言之，假如有人做了激發恐懼的事，你便認為他們做錯了，於是竭盡全力確保他們絕不再犯。你先捍衛自己，然後保護自己，盡一切努力避免自己感到憂慮不安。

找出一個會觸發一些難受情緒的問題。
描述你所謂的「冒犯」：
你覺得誰在什麼時候做了什麼事、怎麼做的。

現在，從另一個觀點來敘述該問題。
問自己：「為什麼我會被這件事困擾？」
有什麼被堵住的恐懼、羞愧，或是過往的悲傷被觸發了嗎？
去覺察那個能夠觀察這些難受情緒的自性。

然後，回歸見證者之位，
觀察這個痛苦與想要做些什麼的習性。
你能抵擋自我保護的需求，
然後放下堵塞物嗎？

最 後，你的智慧終於成熟到足以了解，你並不想要內在那個東西。什麼人刺激到它、什麼狀況擊中它、它有沒有道理或公不公平，都無所謂。不幸的是，大多數人沒有那樣的智慧。我們並未試著擺脫內在那個東西，而是努力證明保留它是有道理的。

執著於你藏在心底的東西演出的戲，會讓你快樂嗎？
如果不讓它影響你的人生，會怎麼樣？
你會有什麼不同的感受？會有什麼不同的做法？
請寫下來。

真 的想要在靈性上成長就會了解，保留那個東西就是讓自己持續受困。最終你會想要走出來，不計任何代價。那時你就會明白，生命其實是在幫你，讓你周遭都是各種刺激成長的人與境遇。你不必決定誰對誰錯，也無須擔心別人的問題，只要願意在面對任何事物時打開自己的心，並允許淨化的過程發生。

你現在遭遇什麼難題？
這個難題讓你領悟到什麼跟內在被觸發的東西有關的事？
成長的機會在哪裡——亦即，生命在哪裡出現開口，
讓你見證並超越你個人的堵塞物？

壓 住你的東西會週期性地探出頭來，當它出現時，放下它。你就是允許痛苦在心中生起，然後通過。如果你這麼做，它就會過去。假如你是真誠地在尋求真相，每次你都會放下。這是整條道路的開始與結束——「臣服於清空自己的過程」這條路。當你著手此事時，便已開始學習放下過程的微妙法則。

每次你放下，內在的東西就會少一點。
它也許不會一次就全部通過，但如果你持續練習，
漸漸地，堵塞就會被釋放。
今天，當內在的東西浮現時，練習當下就放手。
觀察那個痛苦，允許它存在，然後讓它通過。
選一個對你有用的放下方式——
也許在煩惱或不安的當下練習接納或悲憫。

在一天結束時，寫下你的經驗。你放下了哪個堵塞的能量？

你如何放下它？
在那一刻，你能
將這個經驗視為
成長的機會嗎？

首先，你必須覺知你內在有需要釋放的東西；接著，你必須意識到，你這個覺察那東西浮現的人，有別於你正在經歷的事物。你在覺察它，但你是誰？這個覺知集中之處，是見證者之位，是自性之位。

在心受衝擊時，注意到煩擾出現，
允許自己去覺知你感覺受傷、難過，
然後問自己：「誰注意到這件事？」
別回答，只要在心裡感受答案即可。

成為經驗煩擾者，
而非受擾亂者，是
什麼感覺？

如果不放下，你會注意到心中被激發的能量變得像磁鐵一樣。這是一股異常強大的吸力，會將你的意識拉入其中，接下來你只知道，你不在那裡了。你不會維持住起初察覺混亂時擁有的那個覺知觀點，你會離開那個看見心開始反應的客觀覺知之位，被捲入來自心的變動能量中。一段時間後，你會回來，並意識到你之前不在那裡，意識到你完全迷失在你內在的東西裡，然後會希望自己不曾說過或做過任何會令你後悔的事。

回想你上次感到混亂或不舒服時，在其中迷失多久？
你初次察覺自己迷失是什麼時候？
當你醒過來重新回到中心時，是否非常掙扎？
事後想想，在混亂或煩擾剛出現時就放下，會不會比較好？

意識總是被拉到最能讓人轉移注意力的對象上：被撞到的腳趾、巨大的噪音或痛著的心。這樣的法則內外皆適用。意識會去最能轉移它注意力的地方。當我們說「聲音太大，引起我的注意」時，就是這個意思，那聲音把你的意識拉過去了。當堵塞被擊中時，同樣會出現這種引力，然後意識就被拉到不舒服的源頭。

下次你的注意力被內在的某個混亂或煩擾吸引時，觀察這份不舒服。
哪些念頭被創造出來？你的能量怎麼了？
現在，重新回到覺知之位，觀察外在發生什麼事，而非內在。
為了不讓自己一直盯著內在混亂，你可以聚焦於外在的哪些事物？

從覺知之位，
你可以選擇要聚焦的對象，
外在或內在皆可。
下次覺得內心混亂時，請這樣實驗一下。

—— 旦被觸發，堵塞物就得走完全程、自然發展，若不放下，你會
　　被吸進去，不再自由，被抓住了。一旦從相對清明之位掉下來，
你便受制於混亂的能量。這是對墜落的剖析。當你處於這個混亂狀態
時，往往會為了試圖解決問題而採取行動。

你上次完全迷失在混亂狀態中是什麼時候？
你說了哪些話或做了哪些事？

事後，你對於自己對朋友、
家人或同事說話的方式感覺
如何？
你知道如果不放下，混亂就
得走完全程，那你會希望自
己下次有不一樣的做法嗎？

別 墜落。放下，無論什麼都放下。事情愈大，放下的回報愈大，不放下的墜落則愈慘。就是這麼黑白分明，你不是放下，就是不放下，中間真的沒有任何選擇。因此，讓你所有的堵塞與混亂都成為旅程的燃料。把你往下抓的東西，可能變成提升你的強大力量，只要你願意選擇上升。

一旦你的覺知中心開始被負面能量拉走，留意到它正在發生。
產生負面念頭或聚焦於討厭的事物上──這些都是覺知中心正在轉移的線索。
你是否想要辭職、掛配偶電話或甩門？
這些都是在提醒你要放下。
你如何察覺內在混亂的吸引力？
當它發生時，你能否發現？請寫下來。

你能放下嗎？
它發生得快或慢？
局部或全部？

歸 根結柢，如果內在有困擾，你就必須做選擇：可以往外發展以避免有所感覺，藉此彌補那個困擾的缺陷；或者，你可以直接去除刺，而不把生活的焦點放在上面。

別懷疑你去除內在困擾根本原因的能力，它真的有可能消失。你可以深入觀察內在，觸及你的存在核心，並決定你不希望你最脆弱的部分主宰你的生活，你想擺脫它。你想要和人說話，是因為發現他們很有趣，而不是因為你寂寞；你想要和人建立關係，是因為你真的喜歡對方，而不是因為需要對方喜歡你；你想要愛，是因為你真的愛，而不是因為你需要避開內在的問題。你如何讓自己自由？在最深的意義上，你藉由找到自己而讓自己自由。

花幾分鐘確認你正與之搏鬥的心中之刺，

覺察和這根刺有關的念頭（「我無法相信自己竟然那麼說，真是太蠢了。經過這麼長的時間，我再次見到那些人還是很尷尬。」），

留意身體回應這些念頭的方式。

是否覺得緊繃？心是否有一種往下掉的感覺？

當你察覺這些念頭與感覺出現時，做五次深呼吸。

這個內在困擾不是你，無須讓它主宰你的生活。

現在，反思並寫下來。

問自己：誰在看此事？誰在看這些情緒？

你有看到只要不再認同這些刺便能讓自己自由的可能性嗎？

真正的自由的先決條件，是決定你再也不想受苦。
你必須決定要享受生命，
壓力、內在痛苦或恐懼都沒有存在的理由。

如 果你想要，可以允許困擾出現，然後放下。由於內在的刺只是
過去被堵住的能量，因此可以釋放，問題是，你不是完全避開
會讓它們釋放的狀況，就是以保護自己之名把它們又往下推回去。

今天，試著讓混亂或困擾生起。
在它生起時，你的第一反應是什麼？
你急著設法避開它嗎？
或者，你允許自己觀察，
並留下空間給混亂或困擾？

當你放開它時，發生了什麼
事？你對這整個經驗有何感
受？請寫下來。

空虛的感覺是客體，是你感受到的東西。但誰在感覺？你的解脫之道是去覺察誰在覺察。

想要解決這個空虛的感覺，除了吃東西、打電話給某人，或是做其他緩和情緒的事之外，你還能怎麼做？你可以做的是覺察到你覺察到了。

當你允許混亂或困擾生起時，內心會產生哪種痛苦？
也許是寂寞、羞愧或憂慮。

當你看見這痛苦時，問自己：「誰覺察到這個？」放輕鬆，回到覺察之處，你就是從那裡覺察的。覺察到你覺察到痛苦，是什麼體驗？請寫下來。你能平靜地回到在覺察的那一部分的你嗎？覺察者是完全沒有痛苦的。

那 個覺察的人已經自由了。如果想要擺脫這些能量，就必須允許
它們通過你，而非掩藏在你裡面。

從小，你的內在便有能量在運行。請覺醒並了悟你在那裡面，而且有
個敏感的人在那裡陪你。單純看著你那個敏感的部分在感覺困擾，看
見它感覺嫉妒、有所需、恐懼。這些感覺只是人類本性的一部分，如
果你留意，便會了解它們不是你，而只是你在感覺與體驗的事物。你
是住在裡面覺知這一切的存有，如果維持住你的中心，你甚至能學會
欣賞與尊敬艱難的經驗。

你注意到有個敏感的人在你之內陪伴你嗎？
你可以待在覺知之位，並帶著悲憫對待你的這個部分。
練習讓敏感性與感覺存在，
然後了解這個有各種敏感特質的人只是你覺知的對象，
並慢慢放下你的這個部分。
當你放下低層自我，它所有的能量便會整合到你的真實生命中。

寫下你如何讓這些敏感特質通過。
尊敬它們，愛它們，然後放下。
讓它們通過並且不再認為自己就是這些敏感特質，是什麼感覺？

你 可以體驗這些非常人性的狀態，而不迷失其中或抗拒。你可以覺察你在覺察，並只是看著寂寞的體驗如何影響你。你的心情改變了嗎？呼吸變緩或加快？當你給寂寞通過所需的空間時，發生了什麼事？成為一個探索者，去見證寂寞，然後它會消失。如果不投入其中，經驗很快就會通過，然後別的事會浮現。只要去享受這一切。如果可以做到，你就會自由，純能量的世界將在你之內開啟。

今天，當你的刺（業行）被碰到時，去觀照它們、去見證。
你可以帶著開放與悲憫，單純體驗你的反應嗎？
探索允許與接受刺的存在是什麼感覺，寫下這段經驗。

愈是坐在自性中，愈能感受到以前從未體驗過的能量。它從你體驗到你的頭腦與情緒之處的後面，而非前面出現。當你不再沉溺於你的肥皂劇，而是舒服地坐在覺知之位時，就會開始感覺到這股能量流從內在深處生起。這股能量流過去被稱為「夏克提」或「聖靈」，如果你與自性而非內在困擾為伍，這就是你會開始體驗到的。不必擺脫寂寞，只要停止捲入其中。寂寞和汽車、青草、星辰一樣，只是宇宙中的另一樣事物。它不干你的事，你只要放下，這就是自性做的事。

回想過去你感受到內在湧現強大能量的時候。

也許是你有了第一個小孩，或是得到心儀者注意時。

那強大的能量在什麼情況下出現？

你對那股能量流的體驗，與你對自身頭腦及情緒的體驗有何不同？

你會用哪些字眼來描述那股能量？

如果坐在自性中，即使心感到脆弱時也會體驗到你內在生命的力量。這就是這條路的本質，是靈性生活的本質。一旦學會泰然面對內在的困擾感受，知道它們再也無法擾亂你的意識之位，你就自由了。你會開始被來自後面的內在能量流支撐著。當你嘗到內在能量流帶來的狂喜時，就可以行走在這個世界中，而這個世界永遠不會碰到你。這就是你成為自由生命的方式——超脫。

思考你可以如何允許混亂或困擾生起、通過，這樣度過每一天。
知道自己被允許放下，是什麼感覺？

寫下與混亂或困擾的體驗和平共處是什麼感受。活在與個人困擾的淺灘分開來的深層能量流裡——你能看到這種可能性嗎？

我

們每天都背負著不應該背負的包袱：害怕自己不夠好，或者會失敗；覺得不安、焦慮、害羞；害怕別人會批評我們、利用我們，或者不再愛我們。這些事都讓我們承受巨大的壓力。當我們試著打造開放而充滿愛的關係，以及試著成功與表達自己時，內在都背負著一個重擔：對於體驗到痛苦、苦惱或悲傷的恐懼。每一天，我們不是感受到這份恐懼，就是保護自己不去感覺到。這是一股如此核心的影響力，以至於我們甚至不了解它有多普遍。

你能看到潛藏在你之內那股對於被拒與失敗的恐懼有多普遍嗎？
寫下你試圖逃避感受這種恐懼的幾個做法。

_____

_____

_____

_____

_____

_____

_____

_____

_____

現在，用愛、興奮與鼓舞
取代這些潛藏的恐懼，
作為你一切行動的動機。
那是什麼樣的體驗？
請寫下來。

你一直想到你在心理上的幸福安康。人們不斷想著這樣的事：「如果我身陷窘境怎麼辦？我該說什麼？如果沒準備好，我會很緊張。」那是苦，那種持續而焦慮的內在談話，是苦的一種形式。「我真的能信任他嗎？如果我暴露自己而遭到利用怎麼辦？我再也不想經歷這種事了。」那是始終必須想到自己而帶來的痛苦。

你注意到有多少跟你個人有關的念頭一直轉個不停嗎？
下次察覺到這些個人的恐懼念頭時，暫停一下，問自己，
你是想要成為那個人，或者想要自由。

當你往後退，決定不再涉入你
個人的肥皂劇時，發生了什麼？
寫下你的體驗。你能看清自己
和這些念頭是分開來的，它們
不是你嗎？

如果虐待動物，牠會很害怕，而你的精神就碰到了這種事：你藉由賦予它一項不可思議的責任，而虐待你的精神。請暫停片刻，看看你對頭腦做了什麼。你對頭腦說：「我希望每個人都喜歡我，不希望有人說我壞話。我希望我所說和所做的每件事能讓所有人接受、開心，不希望任何人傷害我。我不希望發生任何我不喜歡的事，希望所有發生的事都是我真正喜歡的。」接著你說：「現在，頭腦，想想看如何實現這些事，即使必須夜以繼日也要一直想下去。」當然，你的頭腦說：「我正在做，我會持續不斷地做這件事。」

花一天觀察頭腦做這件事。
你能了解它是在試圖讓一切都沒問題嗎？
當現實不符合你心中想要的模式時，
你觀察到你的頭腦正在和什麼搏鬥？
請寫下來。

你 給了頭腦一項不可能的任務，要求它去操縱這個世界，以解決你個人的內在問題。如果你想要達到健康的存在狀態，就停止要求你的頭腦這麼做。只要解除頭腦的這項任務：確保每個人與每件事都符合你的需求，好讓你內在感覺更好。頭腦無法勝任這個工作，開除它，並放下你的內在問題。

要求你的頭腦別再試圖確保每個人與每件事都完全符合你設定的要求。完成這封給你頭腦的信：「謝謝你，頭腦，一直努力保護我。我現在已經準備好解除你下面這項工作：＿＿＿＿＿＿＿＿＿。」

你 可以和頭腦有不一樣的關係。每當它開始告訴你，為了讓這個世界符合你預設的概念，你應該或不應該做什麼時，別聽它的。就像你在嘗試戒菸時，不管頭腦說什麼，都別拿起香菸放進嘴裡。無論是剛吃完晚餐，或是你因為焦慮而覺得有需要，無論什麼理由——你的手就是不要再碰香菸。同樣地，當頭腦開始告訴你該怎麼做才能讓內在的一切都沒問題時，別相信它。事實上，一旦你對一切都沒問題，一切就會沒問題。那是一切都沒問題的唯一時機。

你要做的只是停止期待頭腦會解決你內在的問題。那是核心，是一切問題的根源。

觀察各種試圖控制、保護或避免某事的念頭。
當它們出現時，說：「頭腦，謝謝你的那個念頭，但我沒問題。」
然後完全忽略頭腦的指示。
只要去留意念頭如何平息，接著演變為下一個念頭即可。

當你改變與這些念頭的關係時，
發生了什麼？
請寫下來。
當你允許念頭通過時，
行動或行為有任何改變嗎？

頭腦會運轉，是因為你把注意力給了它；把注意力收回來，思考的頭腦便會消失。

就從小事開始。例如，有人對你說了你不喜歡聽的話，或者更糟，完全否定你。你正走在路上，看見一個朋友，你向他問好，他卻直接走過去。你不知道他是沒聽到，或者根本就忽視你；不確定他是在生你的氣，或者發生了什麼事。你的頭腦開始滔滔不絕，這正是檢驗事實的好時機！這個行星上有數十億人，其中一個沒向你打招呼，你就受不了？這合理嗎？

利用日常生活中發生的這些小事，讓自己自由。在上面的例子裡，你只要選擇不捲入精神中。那意味著你停止讓頭腦去追究發生什麼事嗎？不，那只代表你已經準備好，願意且能夠看著你的頭腦創造它的小肥皂劇，看著它發出的一切喧鬧聲，包括你有多難過、怎麼有人能那麼做，看著頭腦試圖想出對策，然後單純驚訝於這個事實：只因為有人沒向你打招呼，你內在就發生了這麼多事。真的很不可思議。你就是看著頭腦說話，並持續放鬆、放下，落在那些喧鬧聲後面。

觀察並描述頭腦今天創造的一齣肥皂劇，
思考一下：
如果這是你虛構出來的呢——
如果你根本不曉得別人行為與話語背後
的動機呢？
那麼，浪費所有能量在這齣肥皂劇上
豈不是很蠢？
如果你不這麼做，
頭腦會安靜多少？

這 段追求自由的旅程，從經常提醒自己觀察精神開始，這會讓你不致迷失其中。因為沉溺於個人頭腦的癮頭很嚴重，你必須建立一套方法，以提醒自己去觀察。有些很簡單的覺知練習只需要花很短的時間，卻能幫助你在頭腦後面保持歸於中心。每次上車坐進座位時，停一下，花點時間想想你正在太空中一顆轉動的行星上，然後提醒自己，你不會捲入自己的肥皂劇中；換言之，就是放下那時正在發生的事，提醒自己你不想玩頭腦的遊戲。接著，下車前也做同樣的事。

每次上下車都嘗試這個歸於中心的練習。
你覺察到什麼？你能回到中心，
觀想自己是廣大宇宙的一部分嗎？
如果可以，那是什麼感覺？

最終，你能量流裡的每個變化，無論是頭腦的擾動或心裡的變動，都會提醒你，你正在後面覺察著。此時，過去把你往下拉的事，成為喚醒你的事。但首先你必須夠安靜，那裡才不會太容易起反應。這些觸發點有助於提醒你保持歸於中心。最後，會變得夠安靜，於是你可以看著心開始反應，並在頭腦也開始之前放下。在旅程中的某個時間點，一切都成為心，而非頭腦。你會發現頭腦跟著心走，心早在頭腦開始說話前便有所反應。當你有意識時，心中的能量變動讓你立刻覺知你在後面覺察著。頭腦甚至沒有機會啟動，因為你在心的層次便放下了。

今天，留意心與頭腦中的變動，那些是提醒你放下的信號。
看看你能否在每次變動出現時，便徹底放鬆，讓自己回到中心。
當你試著放鬆並歸於中心時，體驗到什麼？請寫下來。

_____

_____

_____

_____

_____

_____

_____

_____

做這個練習一陣子之後，你就能察覺心裡的變動，
然後在頭腦開始說話前便放鬆。也許你已經體驗過了。
留意到心有所反應，然後在頭腦用種種念頭接管之前放下，
是什麼感受？請寫下來。

真正靈性成長與深度個人轉化的必要條件之一，
是與痛苦和平共處。

旦可以面對你的混亂，你就會了解，心的核心深處有一層痛苦存在。這份痛苦對個體自我而言，非常令人難受、非常有挑戰性與破壞性，因此你畢生都在逃避它。你發展出各種存在、思考、行動與相信的方式來避開這份痛苦，這種種方式成了你整個性格的基礎。

你用哪些方法來保護心的核心並避開痛苦？
拒絕別人？總是想要自己是對的？
暴飲暴食？經常需要證明自己？

如果不做這些事，你認為會怎麼樣？

肉體痛苦唯有生理上出問題時才存在，內在痛苦則一直在那裡，藏在一層層的思想與情緒底下。心陷入混亂，例如這個世界不合乎我們的期望時，最能感受到這份痛苦。這是內在的、心理上的痛。精神是建立在避免這份痛苦上，因此是以害怕痛苦為基礎。

如果你去做逃避痛苦的事，痛苦便會主宰你的人生。你所有的思想與感受都會被恐懼影響。

對可能正在主宰你人生的恐懼要有所覺知。
寫下你避免感受那份核心痛苦的幾個方式，
找出你日常生活中因為害怕心理上的痛苦而做的幾件事。

你 得學會不害怕內在痛苦與混亂。只要害怕痛苦，你就會試圖保護自己遠離它。恐懼會讓你這麼做。如果想要自由，只要把內在痛苦視為能量流中的暫時變動就好了。沒有理由害怕這種經驗。你一定不能害怕被拒絕，或害怕如果生病會有什麼感覺，或害怕某人死掉或別的事出了錯怎麼辦。你不能把人生耗在逃避沒有發生的事，否則每一件事都會變成負面的。

你是如何根據頭腦編造的劇本扯自己後腿的？
你想保護自己遠離哪種想像的恐懼與痛苦？
一旦認出來，請練習這個簡單的肯定句：「我能處理。」
恐懼與痛苦只是你覺知到的事物而已。

肯定自己能處理痛苦與恐懼是什麼感覺？請寫下來。

你必須往自己的內在看，並決定從今以後痛苦不是問題，只是宇宙中的一樣事物而已。有人可能說了會讓你的心起反應並冒火的話，但之後會過去的。這是一段短暫的經驗。多數人幾乎無法想像與內在混亂和平共處是什麼情形，但如果不學著自在地面對它，你就會把人生都用來逃避。如果感到不安，那只是一種感覺，你處理得了。如果覺得尷尬，那也只是一種感覺，是宇宙的一部分。如果感受到嫉妒且心在燃燒，你就是客觀地觀察它，就像在看輕微的擦傷一樣。那是宇宙中的一樣事物，正在通過你的身體。對它笑，和它玩，但不要怕它。除非你去動它，否則它動不了你。

練習心平氣和地感覺內在混亂。
今天當某件事發生，讓你覺得不安全或不自在時，
只要去留意內在發生些什麼即可。

你可以只是覺察不舒服的感受，
而不去追究它從哪裡來，
或是誰該負責，或是如何控制它嗎？

不舒服只是一種感受，只是生命中發生的一件事——請寫下你的體驗。

感受到痛苦時，只要把它視為能量，只要開始把這些內在體驗視為正通過你的心，並在你的意識之眼前面經過的能量，然後放鬆。做跟收縮與封閉相反的動作：放鬆，放下。放鬆你的心，直到你真的直接面對疼痛的確切位置。保持開放與接受，這樣你才能存在於緊繃所在之處。你必須願意待在緊繃與痛苦的地方，然後放鬆，並且更深入。

寫下一個你能徹底放鬆並讓痛苦通過的經歷。
當你允許痛苦進入，而非抗拒時，發生了什麼事？
允許痛苦通過你，是什麼感覺？

現在，寫下一個你抗拒痛苦且不放下的經歷。那麼做的結果如何？你的頭腦是否仍想著那個情境？類似情境有再次引發痛苦嗎？

當 你放鬆並感受到抗拒時，心會想要拉開距離、想要封閉、想要保護並捍衛自己。請持續放鬆，放鬆你的肩膀，放鬆你的心。放下，讓痛苦有通過你的空間。它只是能量，只要將它視為能量，然後放下。

當你儲藏在心中的堵塞被擊中時，留意你的心如何反應。
你能感受到自己很想要抗拒卻還是放下嗎？
將痛苦與堵塞當作可以直接通過你的能量，是什麼體驗？

限制與界限只存在於你停止超越之處，
如果你永不停止，就會超越界限，
超越限制，超越一個有限自我的概念。

第 4 部

跨 越 心 牆

愈 是坐在見證意識之位上愈了解，由於你完全獨立於正在觀察的對象之外，因此一定有辦法掙脫精神對你的覺知施加的魔咒。一定有條出路。

旅程走到這裡，你放手回到覺知之位的頻率有增加嗎？
或者，你發現自己又被拉回頭腦與心了？
你有運用什麼方法來幫自己與內在混亂保持距離嗎？

你正在做什麼？
它對你的內在狀態有何影響？請寫下來。

如 果意識將其焦點從你個人的思想、情緒與有限的感官輸入上移開，會怎樣？你會掙脫個人自我的束縛，自由地往更深處探索嗎？

你可以只是觀照、見證個人自我而不涉入——可以待在意識之位上。
安坐在覺知之位會是什麼感覺？
在見證意識中，
你是否覺得自己連結到某個比你在觀察的東西更大的事物？

你的房子是由思想與情緒做成的，牆的構成物則是你的精神。那棟房子就是如此……你在腦中整合了一套特定的思想與情緒，然後交織成你生活其中的概念世界。這個心智結構完全阻絕了它牆外的任何自然光。你的思想之牆夠厚夠緊密，讓這個心智結構裡面只有黑暗。你如此著迷於關注你的思想與情緒，以致永遠無法超越它們創造的界限。

擺脫所有「我」的概念，超越自己，
會是什麼感覺？請寫下來。

真正的自由很近，就在你的牆的另一邊。開悟是很特別的事，但你其實不該把焦點放在上面，而應該放在你自製的那些阻絕了光的牆上。建造擋住光的牆，再努力追求開悟，到底是什麼目的？只要讓每天的生活拆掉你豎立在自己周圍的牆，就可以出去；只要不去支撐、維護與捍衛你的堡壘就行了。

從你當下所在的地方開始。
先了解你建造了個人自我的圍牆，進而練習不帶防備地活在當下。
你能與內在生起的一切和平共處，而不試圖修正嗎？
試著藉由留意到聲音、色彩與人們，讓生命進入；
接受美麗與醜陋的事物。
無論內在或外在，都放下並如實接受，是什麼感覺？

超越在各個方向都是無限的。將雷射光束瞄準任何方向，都會無窮無盡地持續前進，只有在你創造了一個無法穿越的人造界限時，它才不再是無限的。界限在無限空間中創造出有限的表象。事物看似有限，因為你的感知碰到心理界限了。事實上，一切事物都是無限的。是你擷取永遠持續前進的東西，然後說從這裡算起一公里。

現在，注視你面前的任何事物，
然後想像宇宙中存在著無限多的地方，想像那有多浩瀚。
從這個觀點來看，
你眼前的事物有比宇宙裡的其他任何地方更特別或更重要嗎？
看著你的前面，然後看右邊、看左邊。
有任何一邊真的比其他邊更重要嗎？
只有頭腦在區分，讓某樣事物看起來比其他的更重要或更特別。
你能看見其中的真相嗎？

頭腦如何限制你體驗
現實，將你困在個人
感知的界限內？請寫
下來。

若 發生挑戰你看待事物觀點的事，你便對抗、捍衛、找理由。你為簡單的小事感到挫折與憤怒，因為你無法讓實際發生的事符合你的現實模型。若想超越你的模型，你就必須冒著不相信它的風險。如果頭腦建構的模型困擾著你，那是因為它沒有體現事實。你不是選擇抗拒現實，就是選擇超越你模型的限制。

找出一個現在正在挑戰你的事件或狀況，
寫下它與你的現實模型（你認為現實應該是怎麼樣）不符合之處。

現在，拋開你的模型，接受挑戰你的事件，將它視為只是現實的一部分。
就像雨一樣，它只是存在著。
寫下你的感受。

如 果真的想看清你做事的理由，就別去做，然後看看會發生什麼事。假設你有菸癮，若決定戒菸，很快就面臨想抽菸的衝動；若能熬過去，你就會看見這些衝動的起因是什麼。同樣地，吃得太多、為什麼這樣打扮，也是有原因的。你做每件事都有理由。若想看清你為什麼如此關心自己的穿著與髮型，只要一天別理它就好──早上醒來後蓬頭垢面地出門，看看你內在的能量會怎樣。看看當你不做會讓自己感到舒服自在的事情時，會發生些什麼。你看見的，便是你做這些事的原因。

今天，挑一件你為了讓自己感覺較好而習慣去做的事，
然後下定決心熬過做這件事的衝動。有什麼浮現出來了？
探索這個感覺，並寫下你養成這個習慣的原因。

你現在與「自我」（ego）
面對面了──注意它有多強
大。如果真的想要，你會比
它更強大嗎？

如果你真的在超越，會一直處於界限上，永遠不會回到舒適區內。一個靈性存有會覺得自己好像一直緊靠著那個邊緣，而且不斷被推著通過。最後你將了解，超越心理界限其實不會傷害你。如果願意站在邊緣，並且持續地走，就會超越。感到不舒服時，過去你一向會回頭，現在你則放鬆，通過那個點。超越只需要這樣，藉由處理現在正發生的事，去超越你一分鐘前所在的位置。

你的界限在哪裡？
寫下一個你知道會讓自己感到不舒服的領域。
現在，寫下你可以如何在這個你知道阻礙了你的領域超越。
你能處理不舒服的感覺，放鬆地通過它嗎？

一　切都可歸結到了解我們為什麼執著於自我概念，若停止執著，你會看見為何會有執著的習性。如果放下表象，並且不要試圖交換一個新的，你的思想與情緒將不再被固定住，開始通過你。這會是個很可怕的經驗，你的內在深處會感到恐慌，而且你會無法確定自己的位置。當外在某樣非常重要的事物不符合人們的內在模型時，他們便會有這樣的感覺。表象停止運作，開始崩解，當它無法再保護你時，你會感到非常害怕與恐慌。然而你將發現，如果願意面對那個恐慌的感覺，便有辦法通過。你可以往回更深入正在體驗它的意識，恐慌就會停止，接著將會有你從未感受過、極大的平靜。

這是很少人知道的部分：它可以停止。喧鬧聲、恐懼、混亂，這些內在能量的持續變化──統統可以停止。

想像一下，完全放下你的整個自我概念會是什麼感覺？
你願意面對促使你建立你的精神的原始恐懼嗎？
這個恐懼的另一邊會是什麼？

再想像一下如果不持續
創造與捍衛你虛假的自
我感，你能感受到的平
靜。寫下你的體驗。

靈修是承諾要超越，
不計任何代價。
這是一段以餘生時時刻刻都超越自我為基礎的無盡旅程。

當 你變得真正有靈性，就完全不同於其他人。其他人想要的，你不想要；其他人抗拒的，你完全接受。你要你的模型粉碎，並尊敬可能造成你內在混亂的事情發生時的經驗。為什麼任何人說或做的任何事竟然會讓你陷入混亂、不安呢？你只是身處一顆旋轉於虛空中的行星上，而且只來待個幾十年就要走了，怎麼能過著對每件事都覺得有壓力的生活？別這麼做。如果任何事可能造成你內在混亂，那表示它撞到你的模型了，表示它撞到你為了控制自己對現實的定義而建立的那個虛假部分。但如果那個模型就是現實，為什麼來自經驗的現實不符合？凡是你在腦中能編造的事，沒有一件能被視為現實。

想像有一天，當你的模型被撞到時，
你能微笑，甚至大聲笑出來。
內在不要縮緊，而是要以新的方式遊戲應對。
當它被撞到時，告訴自己：「來得好，我很愛！」

釋放緊繃，
並笑著通過防衛機制啟動引發的不適，
是什麼感覺？請寫下來。

你 必須學習自在面對心理上的混亂。如果頭腦變得過動，只要觀察它；如果心開始熱起來，讓它經歷該經歷的一切。試著找到能覺察你的頭腦變得過動、覺察你的心熱起來那個部分，那是你的解脫之道。透過建立你的這個模型是無法解脫的，通往內在自由唯一的路，是經由觀察者：自性。自性只是覺察頭腦與情緒正在鬆開，沒有任何事物在努力維繫它們。

實驗一天看看，
對出現在你心中與腦中的每件事都說沒問題。
你可以只是看著會驅動你做出某些行為的內在能量嗎？
你能接受生起的任何不適嗎？

自性可以容納每一個經驗——
想像你無須對內在生起的任何事做些什麼。
所有掙扎都結束了，
你與一切事物和平共處。

寫下你對這個極為平靜
的狀態有什麼感覺。

深層的內在釋放本身就是一條靈性之路，
它是不抗拒的路、接納的路、臣服的路。

第 5 部

活 出 生 命

人們往往讓自己擔負許多選擇，但你最終可以把它們都拋開，只做一個根本選擇：你想要快樂，或者不想要快樂？真的就是如此簡單。一旦做出那個選擇，你人生的路就會變得完全清楚。

寫下某件你認為正讓自己不快樂的事。
找些字眼為此事貼上標籤，例如「困難」或「壓力沉重」。

然後，藉由選擇單純描述實際發生的事的字眼，重寫這個故事。
放鬆並放開製造痛苦的標籤，深呼吸，
然後坐在正見證這個對話的內在深處，覺察那些念頭。
你有沒有發現，你可以選擇用開放的態度單純體驗生命？

你 只須在你說你選擇要快樂時是認真的，而且無論發生什麼事都一樣。這是真正的靈性之路，是所可能存在的一條直接而確定的覺醒之道。

下定決心，今天一整天都要保持快樂與開放。
在這一天當中，留意你的頭腦告訴你事情應該怎樣，
留意你是否抗拒經驗並開始封閉自己。
無論事情如何發展，你內在都能徹底放鬆並自在接受嗎？
什麼事讓你開始封閉？你又可以怎麼重新開放？
請寫下來。

無條件快樂之道，
是一趟日復一日、持續學習保持開放的旅程。
如果費時較久，
別灰心——要尊敬每一個你在自己身上下功夫的真誠嘗試。

一旦決定想要無條件地快樂，就無可避免會發生挑戰你的事。這個對你的承諾的試驗，會刺激靈性成長。事實上，正是你的承諾的無條件面向，讓這條路成為最崇高的路。就是這麼簡單，你只須決定是否要打破你的誓言。一切順利時，要快樂很容易；但是有困難的事情發生時，就沒那麼簡單了。

先從一件你無法控制的簡單事情開始嘗試：天氣。

留意你的反應。天氣太熱嗎？太冷嗎？
試著藉由運用肯定句或正面思考，
或者只是讓自己在各種反應中放鬆，來保持開放。
離開抱怨的頭腦，放輕鬆，回到自性之位。

無論天氣好或不好，你如何選擇無條件地快樂？寫下你的做法。

保持快樂的關鍵其實很簡單，就從了解你的內在能量開始。如果往內看，你會發現，當你快樂時，你的心感覺敞開來，內在有能量往上湧；而當你不快樂時，你的心感覺封閉，內在沒有任何能量湧現。所以，想要保持快樂，只要別封閉自己的心。

最好的做法，是在你已經感覺開放時練習，
然後在開始出現讓你封閉的事情時放鬆，
並決定你不想拿快樂來交換這樣事物。
練習今天無論發生什麼事都絕不封閉自己的心。

你的內在能量感覺起來怎麼樣？在一天結束前寫下你的感受。

把握那些原本感覺緊張的時刻，
說：「哇，多麼難得的放鬆機會！」
無論發生什麼事，你都有權選擇保持快樂。

壓力只在你抗拒生命事件時才會發生。如果你既不把生命推開，也不把它拉向你，就不會製造出任何抗拒。你只是存在。在這個狀態中，你只是見證與經歷生命事件發生。如果選擇這樣生活，你會發現人生可以在平靜狀態中度過。

你能看見你想推開某些事，然後把另外一些事拉向你嗎？
你能了解這創造了壓力與焦慮的基礎嗎？這真的值得嗎？
或者，在大多數情況下，只是尊敬生命的流動會比較好？

寫下你對這個深刻主題的看法。

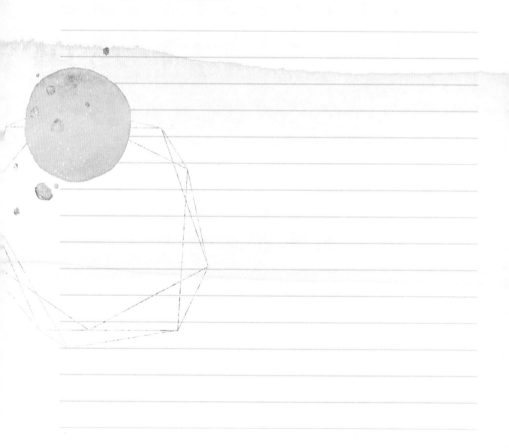

挑 戰你活在最高層次的，不應該是死亡。為什麼要等到每件事都
離開你，才來學習向內在深處挖掘並達到你的最高潛能呢？有
智慧的人會堅稱：「如果一口氣能改變這一切，那麼我希望在活著時
能活在最高層次。我不會再讓我所愛的人操心。我會活出最深刻的生
命。」

_____

_____

_____

_____

_____

_____

如果這是你生命的最後一週，你會選擇如何使用你的時間？

_____

_____

_____

_____

_____

_____

_____

_____

_____

別

害怕死亡，讓死亡解放你，激勵你去完全體驗生命，但切記，那不是你的生命。你應該去體驗發生在你身上的生命，而非你希望發生的生命。別浪費生命中的一分一秒去試圖讓其他事情發生，而應該感謝你被給予的時刻。

今天，練習感謝你在這個地球上被賦予的每個時刻。

對今天感受到與觀察到的一切保持開放與感恩，是什麼體驗？請寫下來。

有 一條看不見的線貫穿每件事，所有事情都安靜地通過那個平衡中心，那就是「道」……道存在每件事裡。道是颱風眼，道是全然地平靜。

反思你在生命中的哪些領域很容易擺動到極端，
而非在中心點尋找平衡。
你在哪裡失去平衡，不是做太多就是做不夠呢？
寫下你生命中的這些領域，以便開始尋找重返和諧之道。

更認同聖靈而非形體，是什麼感覺？你從前經常帶著焦慮與緊張的感受到處走，現在則是帶著愛的感覺。毫無理由，就是感覺到愛。你的背景是愛，你的背景是開放、美與感恩。你不必讓自己那樣感覺，那是聖靈的感受方式。如果有人問你身體感覺如何，你可能會說，它對某件事感到不舒服。那麼，精神感覺如何？如果你完全誠實，可能會說它充滿抱怨與恐懼。那麼，聖靈通常感覺如何？事實上，祂總是感覺很好，總是感覺興奮，總是感覺開放與光明。

當你靜心或在生活中真的感覺開放時，
是否曾有片刻覺得自己擺脫了身體、情緒與心理層面的束縛？

當你放下個人自我，
往上飛翔到內在生命的較高境界時，是什麼感覺？

放下神會審判世人的觀念，你有一位慈愛的神。事實上，你擁有的愛本身就代表神，而愛不可能不愛。神處於狂喜中，那是你無法干涉的。

而如果神處於狂喜中，我很好奇，當神看著你時，看見了什麼？

如果你能無條件地接受愛，會怎麼樣？
想像一下，你可以感受到自己被全然地接納、全然地被愛，
不被審判，這會如何改變你的生命？請寫下來。

國家圖書館出版品預行編目資料

覺醒的你‧導引練習手札：超越自我的旅程／麥克‧辛格
（Michael A. Singer）著；賴隆彥譯 . -- 初版 . -- 臺北市：方智出
版社股份有限公司，2021.10
144 面；14.8×20.8 公分 . --（新時代系列；193）
譯自：The Untethered Soul Guided Journal: Practices to Journey
Beyond Yourself
ISBN 978-986-175-633-2（平裝）

1. 意識 2. 靈修 3. 自我

176.9   110013805

Eurasian Publishing Group
圓神出版事業機構　　**方智出版社** Fine Press

http://www.booklife.com.tw　　　　　reader@mail.eurasian.com.tw

新時代系列 193

覺醒的你‧導引練習手札：超越自我的旅程

作　　　者／麥克‧辛格（Michael A. Singer）
譯　　　者／賴隆彥
發 行 人／簡志忠
出 版 者／方智出版社股份有限公司
地　　　址／臺北市南京東路四段50號6樓之1
電　　　話／（02）2579-6600‧2579-8800‧2570-3939
傳　　　真／（02）2579-0338‧2577-3220‧2570-3636
總 編 輯／陳秋月
副總編輯／賴良珠
主　　　編／黃淑雲
責任編輯／黃淑雲
校　　　對／陳孟君‧黃淑雲
美術編輯／蔡惠如
行銷企畫／陳禹伶‧王莉莉
印務統籌／劉鳳剛‧高榮祥
監　　　印／高榮祥
排　　　版／莊寶鈴
經 銷 商／叩應股份有限公司
郵撥帳號／18707239
法律顧問／圓神出版事業機構法律顧問　蕭雄淋律師
印　　　刷／國碩印前科技股份有限公司
2021年10月　初版
2023年4月　3刷

定價 300 元　　　　ISBN 978-986-175-633-2　　　　版權所有‧翻印必究
◎本書如有缺頁、破損、裝訂錯誤，請寄回本公司調換　　　Printed in Taiwan